AF391045

SUCCESSIONS HARTMANN

# DEUX TABLEAUX

J.-F. MILLET          J. INGRES

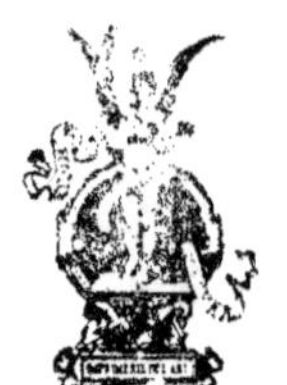

CATALOGUE

DE

# Deux Tableaux

## LES MEULES

PAR

## J.-F. MILLET

### L'ÉPÉE DE HENRI IV

PAR

## J. INGRES

### Dépendant des Successions HARTMANN

ET DONT LA VENTE AURA LIEU A PARIS

## HOTEL DROUOT, SALLE N° 7

### Le Jeudi 6 Mai 1909

*à quatre heures*

---

COMMISSAIRES-PRISEURS

**Mᵉ PAUL TILORIER**      **Mᵉ G. CHARPENTIER**

9, boulevard des Italiens      25, avenue Trudaine

PARIS      PARIS

EXPERT

**M. JULES FÉRAL**, 7, rue Saint-Georges

---

## EXPOSITIONS

PARTICULIÈRE : *Le Mercredi 5 Mai 1909, de deux heures à six heures.*

PUBLIQUE : *Le Jeudi 6 Mai 1909 (Jour de la vente), de 2 h. à 4 heures*

# CONDITIONS DE LA VENTE

Elle sera faite au comptant.

Les adjudicataires paieront *dix pour cent* en sus des enchères.

Paris. — Imp. de l'Art. Ch. Berger, 41, rue de la Victoire.

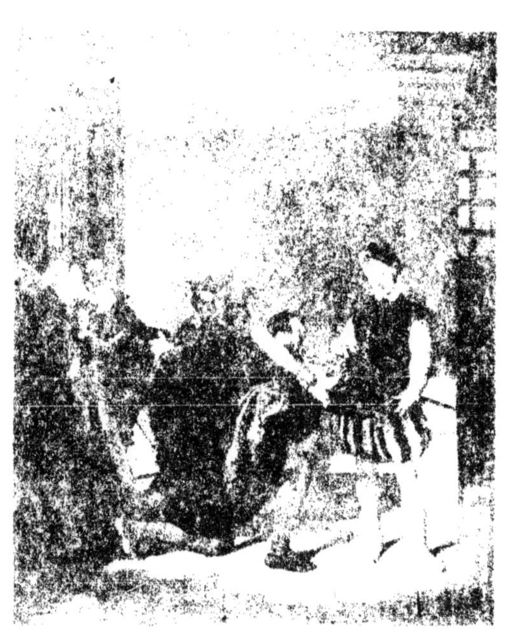

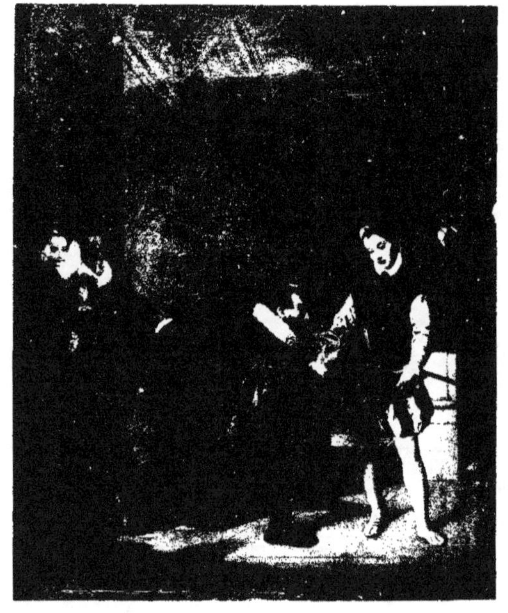

N° 1

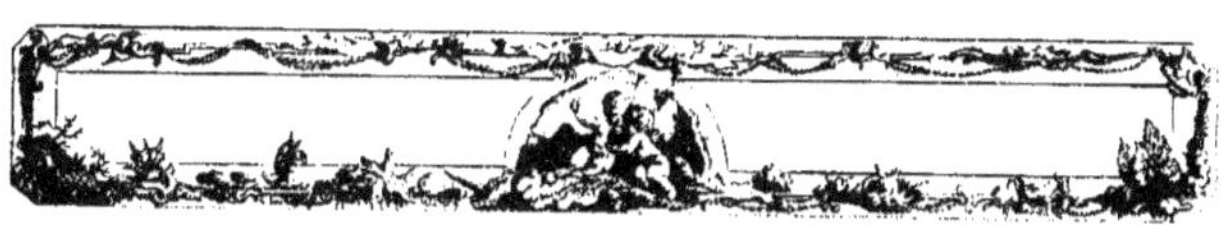

# DÉSIGNATION

## INGRES
(JEAN-AUGUSTE-DOMINIQUE)
Montauban, 1780-1867

**1 — *L'Épée de Henri IV*.**

Sur le palier d'un escalier du Louvre, Dom Pedro de
Tolède, en habit noir, bas rouges, le manteau doublé de
satin jaune, son chapeau à la main, un genou posé à
terre, baise l'épée de Henri IV que lui présente un page
sur un coussin fleurdelisé.

A gauche, trois personnages, dont une dame en robe
violette. Au second plan, un cardinal accompagné d'un
prêtre.

Signé en toutes lettres et daté : *1832*.

Toile. Haut., 38 cent.; larg., 3o cent.

Variante de la composition exposée au Salon de 1814, sous le
titre : *Dom Pedro de Tolède, baisant l'épée de Henri IV.*

*(Ancienne Collection de M. Sanson Davilliers.)*

# MILLET

(JEAN-FRANÇOIS)
Gréville, 1814-1875

## 2 — *Les Meules*.

Novembre est arrivé et la récolte est mise à l'abri. Trois grandes meules, éclairées par un pâle rayon de soleil, se dressent dans la plaine à une petite distance du village situé à droite.

Un troupeau de moutons, gardé par une bergère, broute dans les champs.

A gauche, la plaine de Barbizon s'étend à perte de vue sous un ciel balayé par une bise déjà froide.

Des nuées d'alouettes voltigent autour des meules où elles viennent s'abattre.

Gravé par CHAMPOLLION.

Toile. Haut , 85 cent.; larg., 1 m. 10 cent.

(*Collection Frédéric Hartmann. Vente du 7 Mai 1881, n° 6.*)
(*A figuré à l'Exposition Centennale de l'Art Français en 1889.*)

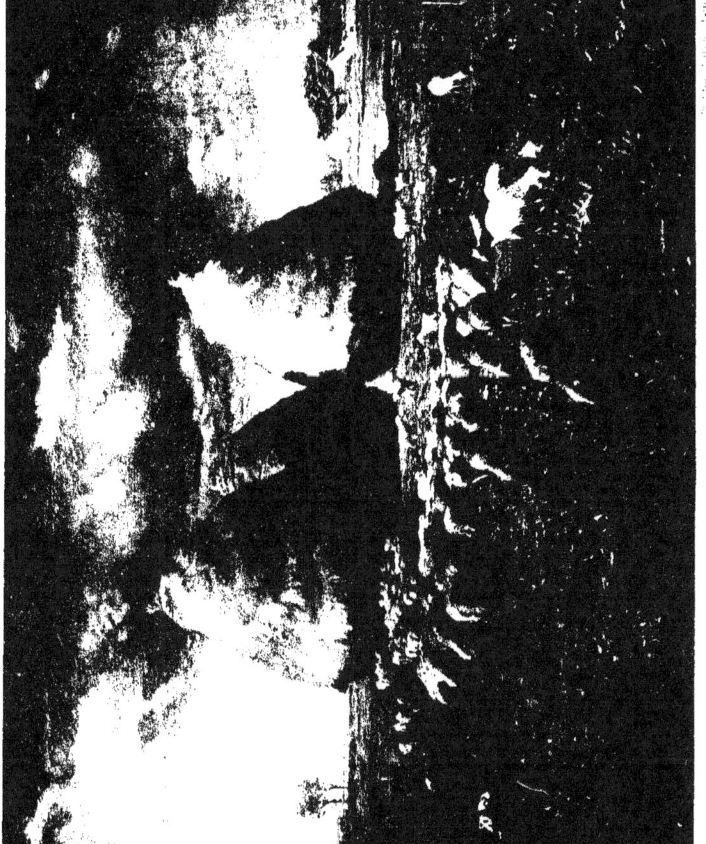